AF321279

LES ILES LOYALTY,

Par M. JOUAN, lieutenant de vaisseau.

A environ 15 lieues dans l'E. de la Nouvelle-Calédonie, le groupe des îles Loyalty s'étend du S. E. au N. O., entre les parallèles de 20° 10′ et 21° 40′ de latitude S., et entre les méridiens de 163° 50′ et 165° 50′, à l'E. du méridien de Paris. Ce groupe se compose de trois îles principales qui sont habitées et de nombreux îlots. Dépendance naturelle de la Nouvelle-Calédonie par sa position, nous l'avons considérée comme une annexe de cette grande île quand nous y avons jeté les fondements d'une colonie, ce qui a été fait sans opposition de la part de ses habitants. Du reste, la nouvelle qualité de ceux-ci ne les a pas engagés beaucoup jusqu'à présent; les chefs y ont gagné quelques cadeaux lors des rares visites que quelques-uns de nos bâtiments de guerre ont faites sur ce petit archipel.

Il est extraordinaire que les îles Loyalty aient échappé à Cook lorsqu'il découvrit la Nouvelle-Calédonie. D'Entrecasteaux, au mois d'avril 1798, a passé à quelques lieues de l'île la plus septentrionale du groupe et n'a signalé que les petits îlots Beaupré qui s'y rattachent. Ce ne fut qu'en 1803 qu'un Anglais découvrit l'île plus au S. et lui donna le nom de son navire, *Brittania*. D'Urville, en 1827, retrouva cette île, puis, continuant sa route vers le N. E., il en reconnut successivement deux autres, qu'il appela *Chabrol* et *Halgan*. En 1840, avec l'*Astrolabe* et la *Zélée*, il compléta la reconnaissance de l'archipel, en longeant cette fois sa partie occidentale. Sans doute ces îles étaient déjà fréquentées depuis quelque temps par les navires australiens à la recherche du bois de sandal. Aujourd'hui, quelques baleiniers et quelques sandaliers seuls fréquentent ces îles; les premiers y font un peu de pêche, les seconds n'y viennent pas pour chercher le bois précieux qu'on n'y trouve plus, mais pour compléter leurs équipages avec les naturels, plus dociles à conduire et moins exigeants pour leur salaire et leur nourriture que les matelots européens.

Je ne saurais dire d'où vient le nom de *Loyalty*, qui figure pour la première fois sur les cartes d'Arrowsmith et dans les instructions de d'Urville.

Naturellement quelques îlots perdus avaient peu de droits à attirer l'attention; aussi on n'a pas, que je sache, sur les Loyalty d'autres renseignements que les remarques faites en passant par les voyageurs et quelques documents nautiques qui n'intéressent en rien une grande partie des lecteurs. Ce que j'ai lu de plus complet, c'est le chapitre qui lui est consacré dans un petit ouvrage de la Nouvelle-Calédonie, publié en 1854 [1].

Je n'ai pas l'intention, après une courte visite à deux îles de cet archipel, de les décrire complétement; mais aujourd'hui que ces terres peu connues sont devenues françaises, et que par cela seul elles méritent d'attirer l'attention, peut-être sera-t-on bien aise de trouver réuni à ce qu'on sait déjà ce que m'ont appris les missionnaires, les navigateurs qui fréquentent ces parages et ce que j'ai pu observer moi-même.

Les trois îles principales, placées à une distance moyenne de 7 lieues les unes des autres, sont, en allant du S. E. au N. E., *Maré* ou *Nengoné*, *Lifu* et *Uvéa* (nous avons suivi l'orthographe des missionnaires, l'*e* a le son de l'*é* fermé; *u* se prononce *ou*). Ce sont les noms que leur ont donnés les naturels et par lesquels les navigateurs de ces régions remplacent les appellations de *Brittania*, *Chabrol* et *Halgan*. Entre les deux dernières, les seules qui j'ai visitées, se trouvent quelques îlots qui semblent participer de leur nature.

Vues de loin, les îles de Loyalty se présentent comme une suite de plateaux isolés, presque de même niveau, et s'élevant peu au-dessus de la mer. Je ne crois pas qu'on trouve un point dépassant 60 ou 80 mètres d'élévation. Le rivage, presque partout escarpé, est à pic au-dessus de l'eau, rarement coupé par de petites plages de sable, excepté dans les endroits où les

---

[1] *La Nouvelle-Calédonie*, par Charles Brainne (*Bibliothèque des Chemins de fer*).

rochers sous-marins ont servi de base aux polypiers pour éle-
ver jusqu'à la surface leurs dangereuses constructions; l'eau
est profonde tout près du rivage : aussi n'y a-t-il que quelques
rares mouillages trop près de terre pour que les navires y
soient en sûreté.

La constitution de ces îles, celle de Lifu surtout, m'a rap-
pelé celle de quelques îlots voisins de Tahiti. Le sol est un
carbonate de chaux, tantôt semé de sables calcaires, tantôt
hérissé de blocs redressés; ce calcaire grossier a été perforé
par l'eau de manière à avoir à la surface l'aspect de rochers
madréporiques, mais ce n'est qu'un calcaire coquillier où l'on
trouve des bivalves pétrifiées, et çà et là de rares madrépores
empâtés dans la masse et dans les fissures. A Lifu, l'horizonta-
lité des couches est assez bien gardée; à Uvéa, surtout dans
la partie du N., le niveau est souvent interrompu, le sol est
disloqué comme s'il avait été soumis à de fortes secousses de
tremblement de terre. L'eau potable manque presque entièrement; celle qu'on peut se procurer au moyen de puits est toujours plus ou moins saumâtre ou a un goût calcaire. A Uvéa,
nous avons visité une espèce de lac qui occupe le fond d'une
dépression circulaire, dont les bords taillés à pic sont remar-
quables ; l'eau, très-profonde au dire des naturels, a absolu-
ment le goût de l'eau de mer. Dans la même île, il y a une
grande lagune qui ne fournit que de l'eau saumâtre. Près de la
mission catholique de la *Baie du Sandal*, à Lifu, on trouve
toujours de bonne eau dans un puits naturel situé au fond d'un
précipice où l'on est obligé de descendre avec des échelles et
des cordes et en s'aidant des racines des arbres qui poussent
sur les parois. Nous avons remarqué dans nos promenades sur
cette île que souvent le sol sonnait creux sous nos pieds ; il est
probable qu'alors nous passions au-dessus de quelque grotte
souterraine semblable à celle que nous avions visitée auprès
de la demeure des missionnaires, et où l'on voit les plus beaux
exemples d'infiltration et de concrétions calcaires : statues, co-
lonnettes, arbres et fleurs de pierre, etc.; enfin rien n'y
manque.

Je n'ai point abordé à Maré ; mais, d'après l'aspect de cette
île, tout porte à croire qu'elle ne doit pas différer des autres
dans sa constitution. Il n'y a que deux très-mauvais mouillages. Lifu est un peu mieux partagé sous ce rapport. Sur le
côté occidental, qui a environ 13 lieues de longueur du S. E.
au N. O., sur une longueur de 4, s'ouvre le *Golfe du Sandal*

(*Wide-Bay* des Anglais), dont le diamètre est environ de 10 milles marins, et dans lequel deux anses, l'une au N., l'autre au S., offrent un mouillage passable pendant la belle saison, de mai en janvier, celle où dominent les vents d'E. Hors ces deux anses, où l'on peut jeter l'ancre sur un plateau inégal de sable mêlé à des débris madréporiques, la sonde n'atteint pas le fond. Quelques petits caboteurs de la Nouvelle-Calédonie fréquentent cependant les baies de la côte orientale.

Uvéa est une bande étroite de calcaire, légèrement convexe du côté de l'E., qui s'étend du S. S. O. au N. N. E., sur une longueur de 23 milles et une largeur moyenne de 2, excepté dans la partie du N., qui a près de 8 milles de large. A l'O. d'Uvéa, une série d'îlots dont quelques-uns ont des formes bizarres, et que d'Urville a appelés les *Pléiades*, circonscrivent un lagon de 4 à 5 lieues de diamètre, dans lequel quelques passages entre les îlots donnent accès ; le fond, dans l'intérieur de ce bassin, est un plateau de sable blanc mêlé de produits coralligènes dont la pente est insensible. C'est là que les navires mouillent : malheureusement le sable, très-mou, n'offre qu'une faible résistance aux ancres. La limpidité de l'eau est telle, qu'on voit le fond presque partout, par 12 ou 15 mètres de fond ; la mer y est presque toujours calme, d'un bleu céleste qui tranche sur le sable blanc du rivage et que diaprent çà et là les voiles de nombreuses pirogues.

Il faut avoir vu les forêts de Lifu et d'Uvéa pour avoir une idée de la puissance de la végétation sous les influences réunies de la chaleur et de l'humidité. Non-seulement on y voit en foule les *cocotiers*, les *pandanus*, végétaux qui poussent sur les sols les plus ingrats, mais on trouve, à Lifu surtout, les arbres les plus beaux, les bois les plus résistants du monde, croissant sur la roche nue où l'on se demande comment tiennent les racines. Les grands pins colonnaires affectionnent les pentes rapides qui descendent vers la mer. Le *figuier des banians* (je crois que cette espèce est peu différente de celle de l'Inde, *ficus indiana rumph*), dont les feuilles sont plus larges, étend de tous côtés ses racines envahissantes ; l'*hibiscus tibiaccus*, l'*abrus pecatorius*, l'*aleuzites triloba* et une foule d'autres grands végétaux au bois dur et coloré, et dont les noms me sont inconnus, couvrent l'île qu'on peut parcourir presque tout entière, abrité du soleil par leur ombrage. Le sandal a disparu ; il en reste, dit-on, encore quelques pieds que leur petitesse a sauvés jusqu'à présent. Là où les pluies ne les ont pas entraînés, les détritus de végétaux ont formé un peu de terreau qui a rempli les fissures et les cavités du sol. Ce sont les seuls endroits que les naturels puissent utiliser pour la culture des ignames et des taros dont ils se nourrissent principalement, et malheureusement ces endroits sont rares. A Uvéa, il y a plus de terres végétales, le rivage du côté du lagon est bas et sablonneux au lieu d'être escarpé, et ce sable calcaire mêlé aux débris des plantes est favorable à certains végétaux; aussi les cultures sont-elles plus considérables et moins pénibles. Les missionnaires ont planté quelques pieds de vigne, et tout porte à croire que le succès couronnera cette tentative. Les bananiers y viennent assez bien; on a introduit l'espèce de Chine, la meilleure de toutes. Le papayer abonde, et ses fruits sont presque la seule nourriture des animaux domestiques.

La faune d'une terre aussi petite compte naturellement peu d'espèces. Les seuls mammifères terrestres sauvages sont les rats et une grande roussette pareille à celle de la Nouvelle-Calédonie. Les Européens ont introduit les porcs, qui sont assez nombreux à Uvéa. Cette île est plus riche que Lifu, et elle offre aux navigateurs plus de ressources pour les provisions en porcs et en volailles. Trois ou quatre espèces d'oiseaux de proie, les mêmes qu'en Nouvelle-Calédonie, détruisent un grand nombre de ces dernières. Les oiseaux sont peu nombreux, sans doute à cause du manque d'eau ; nous n'avons vu que quelques petits perroquets, deux nectarinias, divers gobe-mouches et des tourterelles. On entend assez fréquemment dans les bois les roucoulements sonores des gros pigeons calédoniens; au bord de la mer et des lagunes on trouve quelques poules sultanes, d'autres petits échassiers et des canards. Les oiseaux marins, plusieurs espèces de mouettes, des frégates, des fous et des phaétons habitent des îlots déserts. Quelques petits lézards et une grande tortue de mer sont les seuls représentants de l'ordre des reptiles que nous ayons vus.

A Lifu la mer est peu poissonneuse, les côtes sont très-escarpées et la profondeur trop grande. Uvéa est plus favorisée; mais, de même qu'en Calédonie, plusieurs espèces sont dangereuses et mortelles suivant les époques; il arrive souvent que des naturels s'empoisonnent avec des poissons qu'ils avaient mangés sans danger à une autre époque. Les quelques poissons que nous avons réussi à prendre appartenaient, comme ceux de la Calédonie, aux genres sezzan, diacope, etc.

*

Les coquilles sont communes à Uvéa ; j'ai remarqué la porcelaine Argus, la porcelaine brûlée, l'œuf de Léda, la harpe
ventrue, des ptérocères, des murex, et dans les bivalves, des
tridacnés énormes et plusieurs espèces de cythérées.

Les moustiques ne nous ont pas paru très-communs, mais
il paraît que dans la saison pluvieuse ils sont intolérables.
Nous avons vu quelques papillons, dont une jolie espèce aux
ailes bleues.

Sur les fonds sablonneux on aperçoit quelques holothuries
ou biches de mer. Des polypiers des genres astrée et méandrine encroûtent les rochers du rivage et forment des récifs à
pic qui s'étendent quelquefois assez loin ou barrent entièrement les passes entre les îlots. Dans les endroits à l'abri de
l'agitation des vagues on voit de beaux échantillons d'espèces
arborescentes aux couleurs les plus vives et dont la fragilité
rappelle celle des fleurs les plus délicates.

Quelques grands cétacés fréquentent les eaux des Loyalty.
Outre des troupes nombreuses de marsouins, on y rencontre
des baleinoptères, qui sont l'objet d'une pêche assez suivie. Il
y a peu de temps que trois baleiniers mouillés dans le golfe
du Sandal, à Lifu, en ont pris sept ou huit en quelques semaines.

L'année se partage en deux saisons. De mai en janvier, de
belles brises de l'E. et du S. E. dominent, interrompues
quelquefois par des vents d'O., qui, à cette époque, ne sont
jamais redoutables. A Lifu, le 26 septembre, nous avons
éprouvé un violent orage suivi d'un grand vent de N. Le
temps, pendant ces mois, est généralement beau : le baromètre se tient à 762mm ; le thermomètre, au milieu du jour, à
22 ou 24°. Pendant les autres mois le temps est variable, les
pluies sont abondantes, les orages fréquents. C'est l'époque
des coups de vent du N. O., et aussi, surtout dans le mois
de janvier, celle de la visite des ouragans. Ces tempêtes giratoires, semblables à celles de l'océan Indien, sont très-redoutables. Rien ne résiste à leur violence.

Dans la belle saison la chaleur est tempérée par la brise, et
dans la mauvaise l'air est rafraîchi par les pluies. Le climat
est des plus salubres. On nous a assuré à Lifu qu'on avait ressenti quelques secousses de tremblement de terre quelques
jours avant notre passage.

D'après un rapport des missionnaires protestants, extrait du

Reporter, du mois de mars 1860 , la population totale du groupe serait de 15,400 habitants, ainsi répartis :

Maré.   4,300
Lifu..   7,000
Uvéa   4,000
Toka, petite île entre Lifu et Maré.   100

Les missionnaires catholiques donnent un chiffre moins élevé.

Cette population ressemble en général à celle de la Nouvelle-Calédonie ; mais, de même que dans cette dernière contrée, des mélanges ont modifié les types ; ainsi, à côté du noir aussi foncé que le nègre africain, on voit des individus dont le teint rougeâtre et les traits plus adoucis attestent l'infusion du sang polynésien. Les naturels qui ont le mieux conservé les traits originaires (espèce *nègre océanienne*, Desmoulins, *race papoue*) sont généralement de grande taille ; leur teint est noir brun, un peu couleur chocolat, le front est fuyant, les pommettes un peu saillantes, le nez beaucoup moins épaté que celui du nègre d'Afrique ; les lèvres sont épaisses, mais non difformes ; le bas de la face n'est pas prognate. Les oreilles sont grandes et déformées par l'habitude de percer le lobe inférieur d'un grand trou et de l'allonger presque jusqu'aux épaules. Les yeux sont grands, non bridés ; la conjonctive a une teinte un peu jaunâtre. Les dents sont belles, peut-être un peu grandes. Presque tous ont de longs poils sur la poitrine, les épaules et même le dos, de la barbe ; mais celle-ci, comme les cheveux, est par houppes éparses. Les cheveux sont longs et laineux ; ils les laissent croître de toute leur longueur et les portent ébouriffés ou tombant de chaque côté en longues mèches frisées, ou bien encore ils les redressent en l'air et les enveloppent d'une pièce d'étoffe, qui leur fait comme une espèce de shako cylindrique. L'usage de teindre les cheveux avec de la chaux est très-répandu, ce qui les fait rougir ; quelques-uns, par l'usage continuel de ce procédé, les ont blonds et même presque blancs. Le buste des hommes est large, bien proportionné ; cependant nous avons remarqué un assez grand nombre d'individus ayant les épaules hautes et le cou court. Le mollet est plus prononcé que chez les nègres, et les pieds, au lieu d'être grands et plats comme ceux de ces derniers, rappellent les petits pieds de la race polynésienne.

Les traits des femmes sont moins réguliers que ceux des

hommes. Leurs seins piriformes, flasques et pendants de
bonne heure, leur tête rasée, leur physionomie hébétée, leurs
allures bestiales, en font quelque chose de hideux. A peine
quelques jeunes filles pourraient-elles se soustraire à ce juge-
ment sévère, mais les rudes travaux auxquels elles sont sou-
mises les ont bientôt dégradées.

D'autres traits caractéristiques de la race nègre se retrouvent
chez ces peuples : les tatouages par scarifications et la différence des idiomes à de très-petites distances. Dans chaque île
on parle un langage différent. L'idiome de Lifu est assez doux,
celui d'Uvéa au contraire est rude et rempli d'aspirations gut-
turales. A Uvéa, la population se divise en deux factions dont
la différence d'origine est encore bien visible, malgré de nombreux croisements. Ceux du S. de l'île reconnaissent les Calédoniens pour pères de leurs ancêtres ; ceux du N. sont les
descendants d'une colonie, partie de l'île Wallis ou Uvéa (cette
île est située par 13° 20′ latitude S., 178° 32′ longitude O.,
à 350 lieues N. E. des îles Loyalty), qui aborda dans l'île
la plus N. des Loyalty, il y a peut-être un siècle, et qui
donna à sa nouvelle demeure le nom de la mère patrie. Quelques individus, surtout des femmes, ont gardé presque le type
primitif : le teint jaunâtre, les cheveux presque lisses, les yeux
en amandes et quelque peu bridés. Ils parlent un dialecte de
la langue polynésienne, mais il a été déjà profondément altéré
au contact de la langue até que parlent les naturels de l'île.

A l'exception de la pièce d'étoffe qui enveloppe leur abon-
dante chevelure, les hommes vont ordinairement tout nus, ou
pour mieux dire, ils ont trouvé moyen de se rendre plus indé-
cents que ne le serait une nudité complète. Leur costume,
comme celui des Calédoniens, est capable d'effrayer la pudeur
la moins farouche, et je ne saurais dire lequel des deux peuples est le plus inconvenant (*Caledonici cum telâ aut fronde
mentulam celant; insulares Loyalty incolœ vero tantùmmodo
lumbos cum funiculo cingunt, mentulâ sublatâ et ad ventrem
appositâ.*) L'usage de la circoncision n'existe pas comme règle
aux îles Loyalty.

Leurs ornements sont des colliers de petites porcelaines,
des bracelets ou des jarretières faites de deux ou trois porcelaines blanches retenues par de petites cordes en poil de roussette. Ce dernier ornement est très-recherché. Ils se tracent
de grandes raies noires sur la figure et le corps. Un autre ornement consiste dans un plumet de plumes de coq, entourées

de duvet d'oiseaux de mer ; tous portent au doigt du milieu de
la main droite une petite corde artistement tressée, qui sert
pour lancer les javelots.

Les femmes n'ont pour tout vêtement qu'une ceinture, ou
plutôt qu'une longue frange qui leur fait plusieurs fois le tour
des reins ; les enfants des deux sexes vont nus jusqu'à un âge
très-avancé.

Avant que des missionnaires n'eussent paru dans les Loyalty,
l'état permanent des diverses peuplades était la guerre, le pil-
lage et l'anthropophagie; aujourd'hui, ces gens, d'un caractère
naturellement doux, sous l'influence des missionnaires, vivent
le plus souvent en paix. Le cannibalisme n'existe plus, excepté
à Maré, dont les habitants de la partie S. ont été jusqu'à présent rebelles à toutes tentatives de civilisation, tandis que ceux
du N. ont été les premiers à recevoir les ministres protestants
en 1845. Cependant dans toutes les îles, malgré l'état de paix,
il est rare de rencontrer les hommes sans qu'ils soient armés
soit d'une ou plusieurs lances en bois dur, soit d'une massue
faite avec une branche noueuse dépouillée de son écorce;
quelques-uns de ces casse-têtes sont pareils à ceux de la côte
de Calédonie, qui est en face, faits en forme de pioche ou res-
semblant au bec d'un oiseau de proie; un petit nombre pos-
sède des fusils. Ce sont ordinairement ceux qui ont navigué
et ont reçu un fusil comme salaire. Quoiqu'ils connaissent bien
les effets des armes à feu, comme leurs îles n'ont été visitées
que par un petit nombre de bâtiments de guerre, l'artillerie
les étonne toujours; la nôtre, quelque peu imposante qu'elle
fût, produisit une grande sensation : les ricochets des boulets
et les fusées volantes eurent surtout beaucoup de succès.

Les habitations sont des huttes rondes comme en Calédonie,
au toit conique, traversé par un haut poteau sculpté et orné
de gros coquillages; la porte est basse et étroite, et dans l'intérieur on est suffoqué par la fumée de plusieurs petits feux
allumés constamment. Les femmes demeurent ordinairement
dans une habitation à part. Les cases forment de petits villages
dont l'emplacement est déterminé par le voisinage de l'eau et
de la terre cultivable. Nous avons vu au village de Faïaoué, à
Uvéa, un grand hangar dont le toit était soutenu par des troncs
d'arbres énormes, au milieu d'un vaste enclos palissadé; cette
case servait aux réunions des chefs pour délibérer des affaires
publiques.

Ces mauvaises habitations, où il fait souvent une chaleur

comparable à celle d'un four, et peu de temps après un froid glacial, et où se donnent rendez-vous tous les insectes nuisibles, sont peut-être une des causes principales d'une affection morbide qui fait de grands ravages, affection qu'on rencontre du reste dans toutes les îles de la mer du Sud. Un grand nombre de naturels meurent asthmatiques avant l'âge de trente ans. L'usage immodéré de la pipe doit être aussi funeste à des gens qui n'ont qu'une nourriture végétale souvent insuffisante. Tout le monde, sans exception, fume sans cesse. Le tabac est un des objets de commerce qui ont le plus de cours : pour un petit morceau on emploie un homme toute la journée. Comparée aux Polynésiens, cette race est très-laborieuse ; mais comme toutes les races sauvages, il est bien difficile de l'astreindre à un travail suivi. Les Polynésiens habitent les plus heureux climats du monde et trouvent, dans les fruits de l'arbre à pain, un aliment qu'ils n'ont guère que la peine de recueillir, tandis qu'aux Loyalty il faut travailler pour vivre, et travailler rudement. On plante les ignames vers le commencement d'octobre, et il faut attendre sept ou huit mois avant de les récolter. Souvent la provision de l'année précédente est épuisée : alors les malheureux sont réduits à vivre de cocos et de papayes quand la pêche ne leur apporte pas quelques secours.

A la maladie dont j'ai parlé, il faut joindre une affection horrible répandue dans toute l'Océanie occidentale, l'éléphantiasis. A Uvéa il est rare de voir un individu qui n'en ait pas un commencement. Quant aux maladies syphilitiques, toute la population est contaminée. Le manque de soins, la malpropreté, l'absence de toute règle d'hygiène, les aggravent de plus en plus ; de malheureux enfants, victimes d'un triste héritage, s'en vont littéralement en pourriture. Cependant, à Uvéa surtout, les femmes ne sont ni débauchées ni faciles, comme dans les îles de la Polynésie. La polygamie existe, au moins chez les chefs, qui prennent autant de femmes que bon leur semble. Il n'y a point de mariage, tout se résout au consentement des parties qui se quittent et se prennent suivant leur caprice du moment. La femme est traitée comme une bête de somme ; elle va à la pêche, elle laboure la terre, elle va chercher l'eau et le bois, et, le plus souvent, elle a tout à craindre de la part d'un mari excessivement jaloux.

Les communications sont assez faciles ; la nature plate du terrain s'y prête. Je n'ai remarqué aucune industrie chez ces sauvages ; leurs pirogues sont grossières et informes ; à Lifu il n'y en a presque pas ; la nature du rivage s'y oppose ; tandis qu'à Uvéa, le beau temps qui règne presque toujours sur le lagon bordé de belles grèves de sable, a contribué au développement de la navigation. Les gens d'Uvéa vont jusqu'aux îles Beaupré, éloignées de 10 lieues, pour y faire des plantations. Les relations sont fréquentes avec la Nouvelle-Calédonie, dont on aperçoit distinctement les hautes montagnes, d'Uvéa et de Lifu, quand le temps est beau. Un grand nombre d'insulaires s'engagent sur les bâtiments australiens ; aussi le nombre de ceux qui parlent anglais d'une manière à peu près intelligible est assez grand.

Chaque île est divisée politiquement en tribus qui ont leurs chefs à Lifu. Les chefs, peu nombreux, ont une très-grande autorité. Quoi qu'ils ordonnent, ils sont sûrs d'être obéis. C'est peut-être à cette unité dans le commandement qu'on doit la tranquillité dont jouit cette île. A Uvéa, au contraire, grâce à une foule de petits chefs sans influence, l'anarchie est permanente.

Le frère cadet du chef principal est ordinairement *chef de la guerre* ; c'est lui qui dirige les mouvements des combattants dans les escarmouches et les embuscades.

Je ne saurais dire s'ils ont quelque idée d'astronomie ou d'autres sciences : je n'ai pu apprécier que leurs dispositions très-faibles pour la musique, en entendant chanter, avec des voix fausses, quelques cantiques dans la langue des Wallis.

D'après les missionnaires, ces insulaires ne professaient aucun culte ; leurs notions religieuses étaient à peu près nulles. La croyance à une sorte de génie appelé Aazé à Lifu était tout ce qui rappelait l'idée d'un être supérieur. Aussi les missionnaires, outre la difficulté de l'étude des langues, ont à chaque instant l'embarras d'employer de longues périphrases pour formuler des idées tout à fait nouvelles pour les néophytes. Ceux-ci sont assez nombreux : les naturels viennent sans répugnance aux missions, soit catholiques, soit protestantes.

Les ressources qu'on peut tirer des Loyalty consistent dans de beaux bois de construction, qui, sagement mis en coupe réglée, dureraient longtemps ; on peut à très-peu de frais fabriquer de la chaux excellente, et je pense qu'en plantant des cocotiers on arriverait à en avoir assez pour faire de l'huile de coco, qui est aujourd'hui très-recherchée. Les cocotiers poussent partout, mais les noix ne sont pas très-grosses, et dans le moment actuel il n'y en a pas trop pour les besoins de la population dans l'intervalle des récoltes d'ignames.

Dans le golfe du Sandal, les indigènes sont pauvres et cultivent avec beaucoup de peine, là où il n'y a pas de terre végétale, quelques taros et quelques ignames. La pêche ne donne rien. L'eau douce est très-rare, ordinairement mauvaise. Les missionnaires catholiques en ont de bonne dans un puits naturel au fond d'une dépression remarquable du terrain ; mais, comme ce puits est à une grande distance de la mer et qu'il faut passer par des chemins à peine praticables, cette ressource est à peu près nulle pour un navire. Trois baleiniers ont pris dernièrement sept ou huit baleines (*hump-backs*) en quelques semaines dans l'intérieur du golfe. On trouve sur l'île de magnifiques bois de charpente, et il y a encore quelques pieds de sandal.

Quoique l'île d'Uvéa ne soit qu'une agglomération de blocs calcaires comme Lifu, elle est cependant plus riche ; il y a plus de terre cultivable. On y trouve quelques ressources en volailles et en porcs. L'eau potable y est rare ; le seul puits qui en donne de bonne est près du village de Faïaoué, mais assez loin de la mer.

Mission catholique. — Le principal siége de la mission catholique se trouve au village d'Uvéa ; cette situation est indiquée par un petit mondrain arrondi que domine le niveau général de la terre. La mission est reconnaissable à une grande église en construction, présentant vers la mer les pignons de ses trois nefs ; celle du milieu est surmontée d'un petit clocher. La maison du missionnaire et ses dépendances sont un peu sur la droite. Un peu plus loin, au N., il y a une grande lagune dont l'eau est très-saumâtre.

Paris, impr. Paul Dupont, rue de Grenelle-St-Honoré, 45. (558)